Pferde verstehen, trainieren & halten

Wie Sie die Körpersprache Ihres Pferdes lesen und die Pferdetraining Grundlagen erlernen und anwenden - inkl. der besten Tipps zur Haltung

Carolin Stoer

INHALT

Das erwartet Sie in diesem Buch

Pferde sind sehr faszinierende Lebewesen, von denen der Mensch schon immer fasziniert war. Neben ihrer anmutigen Art waren die Pferde früher größtenteils Nutztiere, heutzutage werden sie aber in der Regel als Freunde angesehen, mit denen wir unsere Zeit verbringen und Spaß haben können.

Dennoch sind Pferde große, starke Tiere, die eine andere Sprache als wir Menschen sprechen. Man muss also lernen, diese zu verstehen. Außerdem stellt sich jedem, der sich mit dem Thema Pferde beschäftigt, die Frage, wie man ihnen am besten etwas zurückgibt, ihnen das Leben schön macht und auch damit, wie man sie am besten unterbringt und trainiert.

In diesem Buch erfahren Sie alles Wichtige in Bezug auf Pferde, was man vor einem möglichen Pferdekauf wissen sollte, aber auch interessante Infos für Pferdeinteressierte.

Pferde verstehen

WIESO IST ES WICHTIG, PFERDE ZU VERSTEHEN?

Pferde sind Fluchttiere, das bedeutet, ihr erster Instinkt bei jeder möglichen Gefahr ist Flucht. Das muss jedoch nicht bedeuten, dass Pferde nur fliehen, wenn sie von potenziellen Jägern verfolgt werden: Manchmal reichen schon flatternde Äste, ein unangekündigter Fahrradfahrer oder Spaziergänger, der sich von hinten nähert, ein Flatterband oder eine Mülltonne. Potenziell sehen Pferde in erster Linie Gefahr in allen möglichen Dingen. Die Aufgabe des Menschen ist es also, dem Tier beizubringen, den Menschen als Leittier anzusehen und ihm zu vertrauen, denn Pferde sind nicht nur Flucht-, sondern auch Herdentiere. Das bedeutet, sie sind immer in Gruppen von mindestens 20 Pferden unterwegs, zumindest in freier Wildbahn, was nicht mehr der Regelfall ist, und unterteilen sich dann, wie Menschen, in kleinere Gruppen, vergleichbar mit den unterschiedlichen Freunde-Gruppen, die sich in Schulklassen bilden. Dabei gibt es immer ein Leittier, in der Regel eine Leitstute, die die Herde anführt. Deswegen ist es in der Pferd-Mensch-Beziehung auch wichtig, dass der Mensch die Rolle des Leittieres einnimmt, denn Pferde vertrauen darauf, dass das Leittier sie beschützt, für sie sorgt und man ihm vertrauen kann.

Das bedeutet also, man braucht das Vertrauen des Pferdes, damit es einem folgt und nicht bei jeder Gelegenheit wegrennt. Dazu muss man aber auch wissen, wie man das Vertrauen eines Pferdes gewinnt. Da Sie sicher auch mehr mit Ihrem Pferd erreichen, ein harmonisches Bild zeigen und nur mit wenigen, scheinbar unsichtbaren Signalen mit Ihrem Pferd arbeiten möchten, ist es sehr hilfreich, Pferde zu verstehen. Pferde zu verstehen, Pferdetraining und Pferdehaltung hängen also auch zusammen und müssen als eine Einheit betrachtet werden.

Das ist alles gut und schön, denken Sie sich jetzt sicher, was hat das Ganze jetzt aber mit dem Verstehen von Pferden zu tun? Wie gewinnt man das Vertrauen von Pferden? Muss nur das Pferd dem Menschen vertrauen oder auch der Mensch dem Pferd? Und wie genau funktioniert das mit dem „Pferde-Verstehen", denn so richtig wurde diese Frage noch nicht beantwortet.

WIE GEWINNT MAN DAS VERTRAUEN VON PFERDEN?

Das Vertrauen wichtig ist, wissen Sie bereits. Hat man das Vertrauen eines Pferdes gewonnen und nimmt die Position des Leittieres ein, vertrauen Pferde auf Sie und Ihre Entscheidungen. Sie fliehen nicht, haben keine Angst, also kann die Situation gar nicht so schlimm sein und Pferde bleiben eher ruhig und bei einem.

Genau wie die Menschen ist jedes Pferd anders, sie haben unterschiedliche Charakterzüge, Vorlieben, sind unterschiedlich mutig oder ängstlich, haben unterschiedliche Stärken und Schwächen und lernen unterschiedlich schnell. Deswegen gibt es auch nicht den einen richtigen Weg, mit dem alles auf jeden Fall so funktioniert, wie man es sich wünscht. Zunächst muss man einander kennenlernen, einander verstehen. Am wichtigsten hierfür ist Konsequenz, denn kein Leittier ist Leittier, weil es so nachgiebig ist, eher im Gegenteil. In einer Pferdeherde gibt es immer eine Rangordnung

mit dem Leittier an der Spitze, ranghohen und rang-
niedrigen Tieren. In der Regel wird diese Rangordnung
direkt am Anfang geklärt, ranghohe Pferde machen
dem Leittier aber auch gern Konkurrenz, was sicherstellt, dass immer das stärkste Tier die Herde führt. Das
bedeutet, das Leittier muss sich durchsetzen können,
dabei aber auch fair bleiben. Dieses Wissen ist wichtig,
um Pferde zu verstehen und damit auch ihr Vertrauen
zu gewinnen.

Das bedeutet, dass man klare Grenzen ziehen und
an diesen festhalten muss. Das bedeutet beispielsweise,
dass Sie nicht heute Ihrem Pferd erlauben können, einfach am Wegrand stehen zu bleiben und zu grasen, und
morgen nicht mehr, damit sind Sie unberechenbar,
nicht einzuschätzen und nicht vertrauensvoll. Dabei ist
es allerdings nicht empfehlenswert, ein Pferd einfach
am Straßenrand fressen zu lassen, wenn dieses das gerade möchte, damit bekommt das Pferd nämlich ver-
mittelt, dass es das Sagen hat. Der Mensch führt das
Pferd, nicht andersherum, und dabei hat auch der
Mensch zu bestimmen, wann Grasen am Wegrand erlaubt ist und wann nicht, dies muss mit einem klaren
Signal verbunden sein, sodass das Pferd genau weiß,
was nun kommt.

Was genau bedeutet das also? Um Vertrauen von Pferden zu gewinnen, muss man ihnen Dinge verbieten, klare Grenzen ziehen und an diesen konsequent festhalten?

Ja, genau so sieht es aus. In der freien Wildbahn bestimmt das Leittier, wo es lang geht, denn dieses weiß am besten, wo es sicher ist, wo es das beste Futter gibt. Würde das nicht das Leittier bestimmen, käme es zu Unruhe in der Herde und die Rangordnung würde infrage gestellt werden. Damit Ihr Pferd Ihnen aber vertraut, ist es wichtig, dass Sie das Leittier sind.

Das ist aber nicht alles was zählt, um das Vertrauen eines Pferdes zu gewinnen. Es ist ein wichtiger Bestandteil des alltäglichen Umgangs miteinander, wird also für immer beibehalten und sollte Ihnen in Fleisch und Blut übergehen, was nicht bedeutet, dass es zwischendurch nicht zu Konflikten kommt, in denen es wichtig ist, weiterhin fair und konsequent zu bleiben, dazu kommt aber später im Bereich Pferdetraining noch Genaueres.

Um das Vertrauen eines Pferdes zu gewinnen, ist es außerdem wichtig, sich gemeinsam mit dem Pferd potenziell gefährlichen Situationen zu stellen, wobei man sich natürlich keinen Löwen oder einem anderen Fressfeind stellen muss, sondern für uns Menschen banale Dinge wie Mülltüten, flatternde Bänder, Autos, Motorräder, sich unbemerkt von hinten nähernde Menschen oder andere alltägliche Dinge in unserem Leben, mit denen Sie und Ihr Pferd konfrontiert werden könnten. Sie sollten dies für sich und Ihr Pferd so angenehm und auch sicher wie möglich machen, denn man darf nicht vergessen, dass Pferde trotz ihrer Sanftmütigkeit zwischen 450 und auch gern mal 1000 Kilo wiegen können und deutlich stärker und schwerer als wir Menschen sind.

Solches Training, in dem das Pferd mit solchen potenziellen Gefahren konfrontiert wird, sollte man also erst einmal in einem eingezäunten Platz oder in einer Reithalle machen. Um sich selbst aber auch zu schützen und nicht nur das Pferd vom Weglaufen abzuhalten, ist es wichtig, die Körpersprache der Pferde erkennen, verstehen und nutzen zu können. Sie sollten sich, um das Vertrauen Ihres Pferdes gewinnen zu können, also gemeinsam in einem geschützten Rahmen Gefahren stellen.

Dabei beschäftigen Sie sich gemeinsam mit Ihrem Pferd mit dieser Gefahr, zeigen dem Pferd, das ihm nichts passiert, es Ihnen vertrauen kann und dieser Gegenstand doch gar nicht so schlimm ist. Dabei können auch unerwartete Situationen genutzt werden, bei–

spielsweise, indem Sie Planen, die irgendwo herumliegen, oder eine Situation, vor der das Pferd scheut, also vor der es gern fliehen möchte, gemeinsam näher betrachten und sich dieser Gefahr gemeinsam stellen. Dabei muss man auch auf weitere Dinge achten, das Pferd lernt etwas, dazu aber auch später bei dem Pferdetraining mehr.

GRUNDLAGEN DER KÖRPERSPRACHE DER PFERDE

Die Körpersprache der Pferde ist eine wichtige Rolle zum Verstehen der Pferde, aber auch wichtig zum Schutz in Situationen, die gefährlich werden können, denn wenn ein Pferd die Flucht ergreift, ist natürlich auch der Mensch in Gefahr, was das Vertrauen der Pferde und das Verstehen der Körpersprache um solche Situationen und unnötige Gefahren vermeiden zu können, dabei sind Verletzungen auf beiden Seiten jedoch niemals auszuschließen, da es sich trotz allem um starke Tiere handelt, bei denen der Instinkt manchmal über alles Gelernte und Trainierte geht.

Verständigung über die Körpersprache begründet sich auf der Kommunikation zwischen Pferden. Sie können nicht miteinander reden, müssen aber sich aber dennoch verständigen. Beobachtet man eine intakte Herde, stellt man fest, dass dies über die Körpersprache geschieht, und das kann man sich zu nutzen machen, um die Pferde zu verstehen. Es hilft also sehr, sich mit dem Umgang der Pferde untereinander zu beschäftigen, um mit ihnen zu kommunizieren und sie zu verstehen. Man muss die Sprache der Pferde lernen, damit man sie verstehen kann, im Training kommt natürlich auch der Gebrauch von Stimmkommandos zum Einsatz, die man den Pferden antrainiert, und sie darauf konditioniert, aber die Basis jeder Arbeit ist die Körpersprache.

DIE KÖRPERSPRACHE DER PFERDE UNTEREINANDER

Stellen Sie sich nun vor, Sie machen einen schönen Spaziergang und kommen an einer Wiese mit Pferden vorbei. Da Sie Pferde-begeistert sind, bleiben Sie einen Moment stehen, um diese anmutigen Tiere für einen Moment zu beobachten. Ihnen fällt auf, dass sich 3 Pferde aus der Gruppe gelöst haben und zusammen über die Wiese rennen und Spaß haben, wobei ein Pferd die kleine Gruppe anführt, es gibt also einen Anführer der Gruppe. Zusammen laufen sie bis zum anderen Ende des Zauns, das Pferd, das vorweg läuft, macht einen Sprung, dreht sich um und in Richtung der anderen Pferde. Gespannt beobachten Sie, wie die anderen Pferde in Richtung des Gruppenführers stehen bleiben, welcher sich auf die Hinterfüße stellt und steigt, woraufhin seine Freunde mit einsteigen und gemeinsam buckelnd zurück zum Rest der Gruppe rennen.

Was Sie gerade beobachtet haben, war ein Spiel, in dem die Pferde ihrer Energie freien Lauf lassen konnten. Zurück in der Gruppe löst sich ein weiteres Pferd aus der Gruppe, steigt vor dem Gruppenführer und demonstriert mit dem Umstand, dass er zuerst gestiegen ist, seine Macht gegenüber dem anderen Pferd, woraus sich schließen lässt, dass dies das Leittier ist. Da der Gruppenführer nicht auf das Steigen einsteigt, signalisiert er dem Leittier, das er seine Macht nicht infrage stellt. Die Rangordnung ist also klar, sodass das Leittier und der Gruppenführer nun anfangen, sich gegenseitig mit den Zähnen an der Mähne zu kraulen, sie betreiben Körperpflege und fühlen sich wohl.

Ein anderes Pferd, welches die ganze Zeit etwas abseits von den anderen Pferden stand, nähert sich nun den beiden Pferden. Da es abseits stand und sich eher vorsichtig den anderen Pferden nähert, ist es rangniedrig, hält sich eigentlich aus Streitereien heraus und weicht ranghöheren Pferden aus. Sie blicken in Richtung der Stelle, von der das Pferd kommt, und sehen zwei weitere Pferde, die ebenfalls voreinander steigen, miteinander im Kreis galoppieren, während das vordere Pferd in Richtung des Pferdes, das hinter ihm läuft, und versucht nach ihm zu beißen, austritt.

Auch diese beiden Pferde spielen, wobei sie auch etwas streiten: Das vordere Pferd möchte seine Ruhe, während das hintere Pferd spielen und Aufmerksamkeit möchte, mit seinem konsequenten Ausweichen zeigt das vordere Pferd aber, dass es keine Lust hat. Das rangniedrige Pferd, das zuvor von diesen Pferden weggegangen ist und sich respektvoll dem Leittier und seinem Kumpel nähert, dreht sofort in Richtung eines Platzes etwas weiter abseits ab, da das Leittier seinen Kopf in seine Richtung dreht und die Ohren anlegt, womit signalisiert wird, dass es nicht näherkommen und fernbleiben soll.

WIE KANN MAN SICH DIE KÖRPERSPRACHE ZUNUTZE MACHEN?

Nun haben Sie also beobachten können, wie eine Pferdeherde funktioniert, und konnten feststellen, dass ein einfaches Ohren-Anlegen eines ranghohen Tieres reicht, um ein rangniedriges Pferd zum Abweichen zu bringen. Es ist theoretisch ziemlich einfach, miteinander zu kommunizieren, wenn man weiß, wie es funktioniert. Pferde weichen auf eine große, selbstbewusste Körperhaltung. Sie kommen, wenn man sich klein macht und rückwärts geht, sie zu sich ruft. Strahlt man Ruhe und Gelassenheit aus, sind Pferde ruhig und gelassen, während sie Angst bekommen und unsicher sind, wenn man selbst unsicher und ängstlich ist.

Pferde reagieren sehr fein auf Gefühle, Empfindungen und Körpersprache. Es gibt das schöne Zitat: *„Das Pferd ist dein Spiegel. Es schmeichelt dir nie, es spiegelt dein Temperament, es spiegelt auch deine Schwankungen. Ärgere dich nie über dein Pferd, sonst könntest du dich ebenso über deinen Spiegel ärgern."* (nach Rudolf Binding, Reitvorschrift für eine Geliebte, 1937)

Dieses Zitat beschreibt das Verstehen der Pferde gut. Sie reagieren auf die Körpersprache, auf alles, was man bewusst oder unterbewusst ausstrahlt, und

13

spiegeln es wider, da sie darauf reagieren und ungefiltert zeigen, was sie sehen und wahrnehmen. Pferde richtig zu verstehen, lernt man erst so richtig, wenn man wirklich mit ihnen interagiert, sich mit ihnen beschäftigt und aus Fehlern, die man im Laufe der gemeinsamen Zeit macht, lernt.

Niemand kann sofort alles wissen und jedes theoretische Wissen ist in der Praxis noch einmal anders. Man lernt, seinen Körper zu kontrollieren, seine Gefühle und Emotionen zurückzuhalten und Geduld zu haben. Aber es ist ein Lernprozess, das Pferd lernt, auf den Körper des Menschen zu reagieren, der sich von dem des Pferdes unterscheidet, und bringt dem Menschen bei, sich selbst zu kontrollieren, während der Mensch dem Pferd beibringt, seine naturgegebenen Talente auf Abruf zeigen zu können, sich zu fokussieren und sich Ängsten zu stellen.

Pferde zu verstehen, ist eine Herausforderung, der man sich stellen muss, aber während der Interaktion mit ihnen, dem Ausprobieren verschiedener Umgänge miteinander und vor allem dem Beobachten der Pferde untereinander sowie anderen Pferde-Menschen-Paaren, wie sie interagieren, harmonieren, was funktioniert und wo sie scheitern, kann helfen, der Sprache der Pferde näherzukommen.

Also lassen Sie sich darauf ein, bleiben Sie das nächste Mal, wenn Sie an einer Koppel mit Pferden vorbeikommen, einen Moment stehen und sehen Sie ihnen zu. Lassen Sie sich auf das Abenteuer Pferd ein und tauchen in eine neue Welt ein, in der Sie, auch gegenüber anderen Menschen, ganz anders mit allem umgehen können. Sie lernen, Ihre Emotionen und Ihren Körper zu kontrollieren, ein ganz anderes Körpergefühl zu entwickeln, und bekommen von dem Pferd unzensierte Rückmeldung. Es lohnt sich definitiv!

Pferde richtig trainieren

WELCHE TRAININGSARTEN GIBT ES?

Beschäftigt man sich mit dem Thema Pferdetraining, findet man sehr viele verschiedene Ansätze, Wege, Trainer und Reitweisen, es scheint auf den ersten Blick schier unmöglich, einen Überblick über alles zu bekommen, denn es ist alles sehr vielschichtig und hat am Ende doch ein gemeinsames Ziel: Ein harmonisches Pferd-Reiter- oder Menschenpaar, welches augenscheinlich ohne sichtbare Zeichen kommuniziert, mit einem glücklichen Pferd und einem glücklichen Menschen, die beide gesund sind. Dabei ist das Pferdetraining in allen Bereichen zunächst in Bodenarbeit, die Kutsche und die Arbeit vom Sattel aus, also das Reiten, eingeteilt.

In der Bodenarbeit geht es um das Training vom Boden aus, nicht aus dem Sattel. Hier gibt es auch viele verschiedene Arten: Bodenarbeit im klassischen Sinn, Longenarbeit, Handarbeit, Freiarbeit, Equikinetic und dem sogenannten „Fahren".

Beim Reiten geht es um die Arbeit vom Sattel aus, der Mensch reitet also auf dem Pferd. Auch hier gibt es viele verschiedene Reitweisen, die auf unterschiedliche Arbeitsweisen und unterschiedliche Nützlichkeiten aufbauen und sich im Laufe der Zeit weiterentwickelt haben. Dabei sind die Reitweisen grob in das sogenannte „Englischreiten", also die ursprünglich klassische Reitweise, und das große Oberthema „Westernreiten" eingeteilt.

Auch zum Thema Kutsche gibt es unterschiedliche Kategorien: einmal die „klassischen" Kutschfahrten, die jeder kennt: Menschen werden transportiert, im Park einer großen Stadt werden Kutschfahrten angeboten oder auf großen Paraden werden wichtige Menschen transportiert, aber auch einen sportlicheren Teil, dem sogenannten „Fahrsport".

In allen diesen Bereichen gibt es auch Turniere, auf denen man sich und sein Pferd präsentieren und

Preise gewinnen kann. Außerdem wird man von Richtern bewertet und bekommt so Rückmeldung. Für das Training sind Turniere aber eher unwichtig, sie sind eher ein Ziel und Richtwert, den man erreichen kann und durch den man Orientierung hat.

Grundsätzlich gilt aber, dass Bodenarbeit, egal, welcher Art, die Basis für alles Weitere, egal, ob in reiterlicher Hinsicht oder in einer Kutschfahrtzukunft, ist. Bevor dies nämlich geschehen kann, muss man eine Muskelbasis und ein gewisses Grundvertrauen des Pferdes aufbauen, denn Pferde sollten erst ab einem Alter von etwa 4 Jahren angeritten werden und müssen darauf vorbereitet werden, um sie bestmöglich vorzubereiten und spätere Komplikationen zu vermeiden.

WAS IST BODENARBEIT?

Bodenarbeit bedeutet, wie bereits erwähnt, die Arbeit mit dem Pferd vom Boden aus. Dabei ist das oberste Ziel, das Pferd gesund und in Form zu halten, Muskeln aufzubauen und zu erhalten, und hilft außerdem, eine Beziehung zwischen Pferd und Menschen aufzubauen. Dabei spielt das Thema Pferde verstehen, was zuvor bereits erläutert wurde, eine wichtige Rolle, und hilft, die Kommunikation zu erleichtern und zu verfeinern.

Bei der Bodenarbeit kommuniziert man mithilfe der Körpersprache, der Stimme und oft, aber nicht immer, mit einer Gerte als Verlängerung des Arms. Dabei geht es bei der Gerte nicht darum, das Pferd zu schlagen, sondern ihm mit Punkt-genaueren, sogenannten Hilfen das Ausführen der gewünschten Lektion zu erleichtern.

Bei allen Arten der Bodenarbeit lässt sich diese durch den Gebrauch von Stangen oder Hütchen interessanter gestalten. Mit Stangen kann man Pferde in ihrer Trittsicherheit unterstützen, da sie lernen, die Füße zu heben, sich zu konditionieren und auf ihre Umgebung zu achten, da sie die Füße heben und darauf achten müssen, wie groß der Abstand ist. Sie können also nicht einfach blindlings darüber laufen. Sie lernen, Entfernungen abzuschätzen, und bekommen ein besseres Körpergefühl. Auch kann man die Pferde quer über die Stangen schicken und sie somit aufmerksam und motiviert halten. Aber die Stangenarbeit ist nicht nur für die Koordination und die Kopfarbeit wichtig, sondern fördert auch die Rückenmuskulatur des Pferdes. Hierbei spielt die Körpersprache eine wichtige Rolle, da man die Pferde so auch auf Abstand kontrollieren, ihnen klare Signale senden und somit eine gute Zusammenarbeit ermöglichen kann.

Bevor man auf ein Pferd steigt, werden also sowohl die muskulären Grundlagen als auch die reiterlichen Grundaufgaben vom Boden aus vorbereitet, damit das Pferd Stück für Stück lernen kann, mit einem Menschen auf seinem Rücken umgehen zu können.

Dabei wird die Ausbildung von Pferden am besten von erfahrenen Reitern und Pferdemenschen übernommen, da diese bereits die Verhaltensweisen und Körpersprache der Pferde kennen, wissen, wann sie weitergehen können und in welchen Bereichen das Pferd eine Pause braucht oder noch mehr Übung und Routine. Ein unsicherer Mensch in Kombination mit einem unsicheren Pferd kann nämlich für beide sehr gefährlich werden und sehr schnell überfordern. Als Grundlage der Bodenarbeit, also Grundlage der Grundlage der Pferdearbeit, wäre es also auch ratsam zu erfahren, wie genau Pferde eigentlich lernen, damit alles Weitere möglich ist.

WIE LERNEN PFERDE?

Pferde lernen durch Wiederholung, Belohnung und Bestrafung. Dabei orientiert sich das Lernen am Modell der operanten Konditionierung nach Skinner. Das Konzept hierfür ist positive und negative Verstärkung;

dabei bedeutet positiv nicht unbedingt gut und negativ nicht schlecht. Positive Verstärkung bedeutet, dass etwas hinzugefügt wird; entweder eine Belohnung in Form einer Streicheleinheit, einem Leckerli oder einem ähnlichen, schönen Ereignis für das Pferd, bei dem ihm etwas gegeben wird.

Gleichzeitig kann positive „Strafe" auch sein, dass dem Pferd bei falscher Handlung etwas zugefügt wird. Weicht es beispielsweise nicht bei der passenden Körpersprache, so wie man es möchte, kann man mit der Hand oder der Gerte Druck auf das Pferd ausüben und es damit dazu bringen, zu weichen. Man fügt dem Pferd also etwas zu, weswegen man dies als Bestrafung erster Art bezeichnet. Bei der negativen Verstärkung wird dieser Druck dann als Belohnung also wieder weg-genommen. So merkt das Pferd, das es etwas richtig gemacht hat, und ist somit in Zukunft geneigt, diese Übung zu wiederholen. Eine negative Strafe, also Bestrafung 2. Art wäre das Wegnehmen einer guten, positiv wahrgenommenen Sache.

Dabei ist es wichtig, dass die Belohnung und die Strafen immer in Relation zu dem Fehlverhalten des Pferdes stehen müssen. Die Konsequenzen müssen auf eine gewisse Art und Weise in Relation dazu stehen, damit das Pferd es versteht. Außerdem ist es ratsam, immer dasselbe Verhalten auf dieselbe Weise zu behandeln, um so für das Pferd berechenbar und vertrauensvoll zu sein, es darf also nicht in einem Moment etwas erlaubt sein und im nächsten schon nicht mehr.

Des Weiteren ist der Zeitpunkt, zu dem man ein Pferd lobt oder Konsequenzen für sein Verhalten walten lässt, entscheidend, denn es muss unmittelbar auf das Verhalten folgen, anders als Menschen kann man Pferden nicht später erklären, was zuvor passiert ist und daran falsch war, sondern muss es unmittelbar aufzeigen. Um diese Prozesse zu verstärken und das Lernen zu fördern, ist Wiederholung das A und O, damit die Prozesse gespeichert, verinnerlicht und im Laufe der Zeit immer einfacher abgerufen werden können.

Sie wissen also nun, was Bodenarbeit allgemein bedeutet und dass man theoretisch überall Stangen nutzen kann, um das Pferd zu fordern und zu fördern. Außerdem haben Sie in der Theorie erfahren, wie Pferde lernen, was ein Grundbaustein des Pferdetrainings ist, allerdings noch nichts über die tatsächliche praktische Arbeit am Pferd. Im Folgenden erfahren Sie genaueres über das Longieren, die Handarbeit, Freiarbeit, Equikinetic und das sogenannte „Fahren".

DIE PRAKTISCHE ANWENDUNG DER BODENARBEIT

Das Longieren ist die bekannteste Form der Bodenarbeit. Im Grunde läuft hier das Pferd in einem Kreis, dessen Größe man je nach Bedarf variieren kann, an einem langen Seil, der sogenannten Longe, um den Menschen herum. Dabei soll das Pferd in einer Vorwärts-Abwärts-Haltung laufen, um so zu lernen, sich selbst zu tragen, also auszubalancieren, und in einer gesunden Haltung zu laufen, damit dies später mit Reiter auch möglich ist. Außerdem werden auch so wichtige Muskeln aufgebaut und erhalten. Um diese Haltung zu erreichen, gibt es verschiedene Wege: Zum einen kann man durch Lob viel erreichen: entweder lobt man das Pferd, sobald es die gewünschte Haltung zeigt, mit Worten oder indem man dem Pferd eine Pause gewährt; entweder eine Gangart langsamer oder es darf stehen bleiben. Um die Vorwärts-Abwärts-Haltung selbst zu erreichen und nicht nur zu belohnen und zu fördern, gibt es mehrere Möglichkeiten, die auch in Kombination verwendet werden können.

Man kann das Pferd vorwärtstreiben, also in der Gangart, in der es sich befindet, schneller gehen lassen und über die Longe, also das lange Seil, welches das

Pferd und den Menschen verbindet, durch leichten Druck auf das Seil den Kopf des Pferdes nach innen stellen, um es so in die gewünschte Position zu bringen. „Nach innen stellen" bedeutet in Richtung des Menschen, die Innenstellung ist immer in Richtung der Mitte, egal, auf welcher Hand, also in welche Richtung, das Pferd läuft, während die Seite der Wand oder der Begrenzung die sogenannte „Außenstellung" ist. Dabei ist die Longe am Kopfstück des Pferdes befestigt, was unterschiedlich gewählt werden kann, je nachdem, wie man auf das Pferd einwirken will.

So kann man über ein einfaches Stallhalfter, über ein Knotenhalfter, einen Kappzaum oder eine Trense alles nutzen und sich dabei auch den individuellen Bedürfnissen eines Pferdes anpassen. Dabei handelt es sich bei allem, abgesehen von der Trense, um Gebissfreie Kopfstücke, die dennoch unterschiedlich auf den Pferdekopf einwirken, während die Trense ein Gebiss hat, welche im Maul des Pferdes liegt und dementsprechend dort einwirkt, wobei es natürlich auch hier viele unterschiedliche Gebissarten gibt, die wieder unterschiedlich einwirken, allerdings soll es hier nicht um die verschiedenen Kopfstücke, sondern um die Longenarbeit gehen.

Es gibt auch die Möglichkeit, die sogenannten Ausbinder zu nutzen, um das Pferd in die gewünschte Position zu bringen. Dabei werden die Ausbinder an der Trense, also im Gebiss und somit im Maul des Pferdes, und an einem Longiergurt, der um den Rücken des Pferdes liegt, befestigt. So muss das Pferd, um dem Druck, der durch die Ausbinder entsteht, auszuweichen, in der richtigen Position laufen, was somit auch eine Belohnung ist und das Pferd so lernen kann, in der richtigen Haltung zu laufen. Bei der Longenarbeit gibt es also verschiedene Möglichkeiten, um ein Pferd zu longieren.

Neben dem Longieren gibt es die sogenannte Handarbeit. Hierbei geht es ebenfalls darum, die Muskulatur des Pferdes zu stärken, sie mental fit zu halten, zu fordern und zu fördern. Hierbei geht es darum, Lektionen wie verschiedene Seitengänge, das Schulter-Herein oder andere gymnastizierende Übungen abzurufen oder den Pferden beizubringen. So ist es möglich, den Pferden neue Dinge, die später auch vom Sattel aus genutzt werden können, beizubringen.

Bei der Handarbeit befindet sich der Mensch direkt neben dem Pferd, in der Regel wird eine Trense genutzt, um fein in das Maul des Pferdes einwirken zu können, ihnen aufzuzeigen, wie sie ihren Körper nutzen können, und so die Basis für ein gut bemuskeltes, gesundes Pferd zu schaffen.

Im Zusammenhang mit der Handarbeit, aber auch mit der Longenarbeit, steht die Freiarbeit. Hier geht es darum, ohne Seile oder Halfter mit dem Pferd zu kommunizieren, zusammen zu spielen und Spaß zu haben, dieser steht hierbei nämlich an erster Stelle. Mit Sicherheit waren Sie schon mal im Zirkus und haben dort auch Pferde gesehen, welche imposante Kunststücke auf Abruf vorführen konnten, scheinbar ohne einen Befehl dafür zu bekommen. Dies nennt sich Zirzensik und basiert auf dem Thema Pferde verstehen. Der Mensch und das Pferd kommunizieren über die Körpersprache und geben ein beeindruckendes, harmonisches Team ab. Dies funktioniert nicht von Anfang an, sondern muss erarbeitet werden, wozu man sich auch ein Seil zur Hilfe holt und gemeinsam mit dem Pferd herausfindet, wie es am besten funktioniert, und auch dadurch lernt, die Sprache der Pferde besser zu verstehen. Die Freiarbeit dient mehr der Teambildung, dem gemeinsamen Spaß und eignet sich auch, um zu kontrollieren, wie gut die Kommunikation zwischen dem Pferd und dem Menschen funktioniert. Dennoch sind auch viele Aufgaben und Lektionen sehr gut zur Muskelbildung der Pferde, sie stärken ihre Stabilität und

das Selbstvertrauen der Pferde, da sie sich hier unge-
hemmt präsentieren können und man ihnen mit ge-
zielten Übungen und entsprechendem Lob zeigen
kann, dass sie großartige Tiere sind.

Die Equikinetic geht wieder mehr in Richtung der
Longenarbeit. Hier geht es auch hauptsächlich, wie
bisher bei allem, um den Muskelaufbau, und sie hilft
den Pferden, ein gutes Gleichgewicht und Stabilität
auszubilden. Die Equikinetic ist eine besondere Form
des Longierens. Hier kommen blaue und gelbe Stangen
aus Kunststoff zu Hilfe: In einem Viereck werden sogenannte Dualgassen aufgebaut, eine blaue und eine
gelbe bilden dabei jeweils eine Gasse. Pferde können
Farben eher schlecht erkennen, blau und besonders
gelb sind aber Farben, die sie gut erkennen können,
weswegen man sich dies zunutze macht. Die Pferde
müssen in dieser Arbeitsweise zwischen den Stangen
durch, lernen dadurch, auf ihre Umgebung zu achten
und durch die Begrenzung fällt es ihnen leichter, sich
fallen zu lassen und somit in der Vorwärts-Abwärts-
Haltung zu laufen. Das hört sich zunächst mal ziemlich
einfach an, ist jedoch für das Pferd sowohl physisch als
auch psychisch mit großer Anstrengung verbunden,
weshalb man sich an diese Arbeit langsam herantastet
und am besten in Intervallen trainiert, sodass das Pferd

zunächst für eine gewisse Zeit Entspannung hat und dann wieder Belastung. Dieser Ausgleich zwischen Belastung und Entspannung muss passen, kann aber auch bei jedem Pferd anders sein, weswegen man bei jedem Pferd auf mögliche Zeichen der Über- oder Unterforderung achten muss, um so den bestmöglichen Trainingsplan für jedes Pferd zu erarbeiten.

Diese Methode ist noch neu, gewinnt aber immer mehr Zuspruch und Begeisterung in der Reiterwelt. Es ist auch nicht so einfach, wie es sich gerade angehört hat, es gibt jedoch extra ausgebildete Trainer, welche Sie beim Erlernen dieser Methode unterstützen können, genauso wie in allen anderen Bodenarbeits- und Reitarten, die bisher erläutert wurden und später noch folgen werden.

Die letzte Sorte der Bodenarbeit, die Sie nun genauer erläutert bekommen, ist das sogenannte „Fahren", auch Doppellonge genannt. Dies ist im Grunde die Basis des Kutschfahrens, kann aber natürlich von jedem Nicht-Kutschfahrer und jedem Pferd angewendet werden.

Theoretisch ist auch diese Art der Bodenarbeit sehr einfach: Die Doppellonge, also ein noch längeres Seil als die einfache Longe, die an beiden Enden Haken hat, wird in das jeweilige Kopfstück eingehakt, welches man passend ausgewählt hat. Man hat also bei dieser Methode die Möglichkeit, auf beiden Seiten auf das Pferd einzuwirken. Dies ist eine hervorragende Übung, um sowohl das Reiten als auch das Kutschfahren vorzubereiten. Dabei kann man wie beim normalen Longieren in der Mitte stehen und leicht mitlaufen oder hinter dem Pferd hergehen, um ihm von dort aus die Richtung vorzugeben.

Doppellongenarbeit dient als sehr gute Vorbereitung, um das Pferd an die beidseitige Einwirkung am Kopf zu gewöhnen, es zu sensibilisieren und so gute Vorarbeit zu leisten.

WOZU IST DIE BODENARBEIT GUT?

Im Groben haben Sie jetzt die verschiedenen Arten der Bodenarbeit kennengelernt, allerdings wurde sich bisher nur auf die Arbeit bezogen, bevor Pferde angeritten oder geritten werden. Dies ist auch der Fall: Die Bodenarbeit ist perfekt geeignet, um ein Pferd sowohl muskulär als auch mental auf seine späteren Aufgaben als Reitpferd vorzubereiten. Eine richtige Bemuskelung ist so wichtig, damit das Pferd keine Schmerzen oder Probleme hat und die Anforderungen, die ihm gestellt werden, erfüllen kann.

Dabei muss man sich bei der Bodenarbeit an keine festen Muster halten, im Laufe der Zeit kann und muss man neue und vor allem eigene Muster entwickeln, mit denen man selbst, aber auch das Pferd zurechtkommt. Dabei wird, sobald das Pferd reitbar ist, nicht auf die Bodenarbeit verzichtet, sondern diese wird als Ausgleichstraining genutzt. Außerdem können so neue Dinge erarbeitet werden, die Muskulatur erhalten und erarbeitet werden sowie eine Abwechslung im Training ermöglichen.

Hier sind auch der Fantasie im Grunde keine Grenzen gesetzt, man kann alles, was einem in den Sinn kommt, zusammen mit seinem Pferd ausprobieren und sich gemeinsam weiterentwickeln. Auch gemeinsame Spaziergänge sind eine gute Art der Bodenarbeit: Man lernt sein Pferd auch in bisher unbekannten Situationen kennen, kann sich gemeinsam möglichen Gefahren stellen. Außerdem sind Spaziergänge sehr gut für die Muskulatur, da das Bewegen im freien Gelände sehr gut zur Muskulatur Bildung ist und ebenfalls die Aufmerksamkeit der Pferde fördert, da der Boden natürlich nicht immer eben ist und auch mal Hindernisse im Weg liegen können.

WAS IST REITEN?

Sie wissen sicherlich, dass beim Reiten, egal, nach welcher Reitweise, egal, ob Turnier- oder Freizeitreiter: Ein Mensch sitzt auf dem Rücken eines Pferdes und wird „durch die Gegend getragen". Dass die Grundlage dazu die richtigen Muskeln und Grundvoraussetzung sind, haben wir bereits geklärt. Nun ist es aber natürlich auch möglich und erforderlich, die Muskeln eines Pferdes vom Pferderücken aus aufzubauen und zu erhalten. Dafür ist auch der Reiter verantwortlich, der, anders als es oft erscheint, durchaus etwas tun muss. Dabei basiert jede Reitweise auf den gleichen Bausteinen und wird in jedem Bereich dann, je nachdem, worauf es ankommt, weiter- und ausgebildet.

Die Grundlage, die jeder Reiter lernt, ist der Sitz: Wie halten Sie sich auf dem Pferderücken? Wie lenken Sie das Pferd? Wie bringen Sie es vorwärts oder bringen es zum Stehen?

Im Grunde ist es ganz einfach: Man hält sich mit den Knien und den Oberschenkeln auf dem Pferderücken fest, man lenkt mit den Beinen und dem Gewicht. Bei gut ausgebildeten Pferden reicht oft das Gewicht, indem man das Gewicht in die Richtung, in die man möchte, verlagert, lenkt man das Pferd auch dorthin.

Reicht die Gewichtsverlagerung nicht aus, kommt das Bein zum Einsatz; das Pferd möchte dem durch das Bein entstehenden Druck ausweichen. Das bedeutet, wenn man das linke Bein anlegt, weicht das Pferd nach rechts, legt man das rechte Bein an und übt damit Druck aus, weicht das Pferd nach links.

Reicht auch dies nicht aus, kann auch durch den Zügel Druck ausgeübt und das Pferd durch „Ziehen" in die gewünschte Richtung abbiegen. All diese Handlungen geschehen allerdings im Bruchteil von Sekunden, mit der Zeit lernt man die Abläufe aber kennen und muss nicht mehr groß über die passende Handlung nachdenken.

Auch das Losreiten ist relativ einfach: Man gibt zunächst mit der Stimme das Signal, dass das Pferd losgehen oder die Gangart wechseln soll. Reicht dies allerdings nicht aus, gibt man etwas Druck mit beiden Beinen, um so erneut die Situation zu erschaffen, dass das Pferd dem Druck ausweichen möchte, also muss als Belohnung auch sofort der Druck gelöst werden.

Um ein Pferd zum Stehen zu bringen oder durchzuparieren, setzt man sich mit all seinem Gewicht auf den Hintern und gibt mit seiner Stimme das Signal zum Stehen. Folgt darauf keine Reaktion, kann daraufhin ebenfalls mithilfe gleichseitigen Drucks auf die Trense, also durch das Ziehen der Zügel, das Pferd zum Stehen oder Durchparieren gebracht werden.

So viel nun also zur Grundbasis des Reitens, Sie fragen sich aber nun sicher, was genau nun die verschiedenen Reitweisen sind, worin sie sich unterscheiden und ob sie vielleicht auch etwas gemeinsam haben. Darauf gehen wir im nächsten Kapitel genauer ein.

DIE VERSCHIEDENEN REITWEISEN

Vorab ist wichtig zu wissen, dass alle Reitweisen eine Sache gemeinsam haben: Sie entstammen traditionellen Arbeitsreitweisen, die man zum Viehtreiben oder ähnlichen Dingen, die zu Pferd leichter zu erledigen sind, abstammen. Dabei ist immer das oberste Ziel, gemeinsam eine schöne Zeit verbringen zu können und das Tier so lange wie möglich so gesund wie möglich zu halten. Dabei ist es vollkommen egal, ob man ein sogenannter Freizeitreiter oder ein Turnierreiter ist. Beide wollen gemeinsame Zeit mit dem Pferd verbringen, haben Ziele, die sie erreichen wollen, und möchten Spaß mit ihrem Pferd haben.

Die sogenannte englische Reitweise, umgangssprachlich auch einfach „Englisch" genannt, ist ein großer Überbegriff für verschiedene Richtungen. Sei es die Vielseitigkeit, bei der Reiter und Pferd gemeinsam Dressur, Springen und Geländeritte mit Hindernissen meistern, die Dressur als Einzeldisziplin, das Springen als Einzeldisziplin, der Trab- und Galopprennsport, Polospiele oder die „spanische Hofreitschule", eine besondere Form der Dressur, sie haben einen gemeinsamen Ursprung und sind an verschiedenen Merkmalen auszumachen.

Zum einen ist es der Sattel, welcher anders aufgebaut ist als der Westernsattel: Er ist im Vergleich deutlich leichter und simpler aufgebaut, um dem Pferd so viel Bewegungsfreiraum und dem Reiter so viel Sicherheit wie möglich zu gewähren. Dabei besteht zwischen dem Pferd und dem Reiter über das Pferdemaul eine ständige Verbindung. Durch sogenannte halbe und ganze Paraden wirkt man sanft auf das Pferdemaul ein, um dieses in der Anlehnung zu reiten. Diese Haltung ermöglicht es dem Pferd, den Rücken aufzuwölben, sich selbst und den Reiter zu tragen und nach außen hin die allseits bekannte Ausstrahlung zu zeigen. Diese spielt nämlich auch besonders im Turniersport eine große Rolle. Die Anlehnung sorgt auch für die entsprechende Haltung und somit Muskulatur, sie lässt das

Pferd stolz aussehen und verleiht ihm auch Selbstvertrauen.

Der Westernreitsport geht ursprünglich auf das Viehtreiben und lange Ritte zum Treiben verschiedener Viehherden in den weitläufigen Ländereien Amerikas von einem Ort zum anderen zurück, weswegen der Sattel breiter gebaut ist, was einen langen Ritt angenehmer macht, da dieser durchaus anstrengend ist. Außerdem haben Westernsättel vorn ein Horn, an dem man Seile und Lassos befestigen kann. Aus dieser Reitweise haben sich viele weitere Reitstile gebildet, angefangen beim Reining über das Trail-Reiten, Western Pleasure, Western Horsemanship, Versatility Ranch Horse und Cutting wird der Westernstil eingeteilt und kann auf Turnieren vorgeführt werden. Hier ist das Ziel, so wenig wie möglich auf das Pferd einzuwirken, viele Lektionen werden einhändig geritten. Dennoch laufen auch hier die Pferde in Anlehnung oder Vorwärts-Abwärts-Haltung und werden, sobald sie diese Position verlassen, korrigiert.

Natürlich ist in beiden Reitweisen eine Vermischung der unterschiedlichen Stile möglich, um eine abwechslungsreiche, spannende und erfolgreiche gemeinsame Zukunft und vor allem viel Spaß in der Gegenwart zu haben. Bei allem, egal, bei welcher

Reitweise, was man gerade tut und an wem man sich orientiert, sind Spaß und Gesundheit das Wichtigste. Auch Ausritte sind sehr schön und förderlich; anstatt gemeinsam spazieren zu gehen, sitzt der Mensch auf dem Pferderücken, da man gemeinsam entspannen kann. Sie eignen sich aber auch zu Trainingszwecken, da das Gelände Muskulatur beansprucht und somit auch Trainings-förderlich ist. Solange das Pferd körperlich gut aussieht, Spaß an der Arbeit hat, motiviert ist und dasselbe auch auf Sie selbst zutrifft, können Sie im Grunde gar nichts falsch machen. Und im Zweifel gibt es für alles Trainer, Ärzte und was das Herz sonst noch so begehrt, um zu helfen.

WAS IST SONST NOCH WICHTIG BEIM PFERDETRAINING?

Eine große Rolle beim Pferdetraining spielt die Fitness des Reiters. Reiten selbst ist zwar anstrengend und beansprucht viele Muskeln im Körper, dennoch ist ein Ausgleichssport zum Reiten sehr wichtig, um dem Pferd gerecht zu werden. Es stärkt die Stabilität und die Kondition des Reiters, sodass auch diesen Anforderungen, die er an sein Pferd stellt, selbst gerecht werden kann. Dabei ist es egal, welcher Sport es ist, solange es Spaß macht, eignet sich hierfür alles.

Außerdem stellen Sie sich sicher die Frage, woher Sie wissen, welche Reitweise wohl die Richtige für Sie ist. Hierauf gibt es keine klare, einfache Antwort: Hier lohnt es sich einfach, so viele verschiedene Dinge wie möglich auszuprobieren, um so die richtige Reitweise zu finden und im Laufe der Zeit auch ein bisschen seinen eigenen Stil zu entwickeln. Man bleibt an der Reitweise, die zu einem passt, hängen und wenn nicht, findet man früher oder später den Weg dorthin.

Außerdem ist das Futter, also die Fütterung des Pferdes, genauso wichtig für die Gesundheit und den Muskelaufbau eines Pferdes wie die Ernährung eines Menschen. Dies ist jedoch auch ein recht kompliziertes Thema, da man dabei auf jedes Pferd individuell eingehen muss. Des Weiteren hängt die Fütterung von der Haltung der Pferde ab, weswegen dieses Thema in dem Kapitel „Pferde richtig halten" genauer behandelt wird.

Pferde richtig halten

WORAUF KOMMT ES BEI DER PFERDEHALTUNG AN?

Bevor Sie sich ein Pferd kaufen, sollten Sie natürlich die Grundlagen des Reitens erlernen. Dabei lernt man viel über diese Tiere, dennoch gibt es verschiedene Dinge, derer man sich bewusst sein sollte. Zum einen wissen wir bereits, dass Pferde Herdentiere sind. Das bedeutet, sie brauchen regelmäßigen, möglichst sogar dauerhaften Kontakt zu Artgenossen, um ein glückliches Leben führen zu können. Außerdem sind Pferde Dauerfresser, das bedeutet, sie brauchen permanent Raufutter, da der Magen-Darmtrakt permanente Beschäftigung braucht. Die

Magensäure des Pferdes ist sehr aggressiv, weswegen die Magensäure den Magen und somit das Pferd von innen heraus zerstören kann, was lebensgefährliche Folgen sowie tödliche Koliken, also Magenkrämpfe, die bei Pferden aber deutlich gefährlicher sind oder sein können als bei Menschen, haben kann. Dieser Umstand macht es so notwendig, dass die Pferde permanent Raufutter in Form von Heu zur Verfügung haben, oder gegebenenfalls auch Stroh, das sie knabbern können.

Ein weiterer wichtiger Aspekt, der berücksichtigt werden sollte, ist die Möglichkeit, sich zurückziehen und ausruhen zu können. Pferde sind zwar Herdentiere und brauchen die Gesellschaft von Artgenossen, dennoch ist es sehr wichtig, dass sich besonders rangniedrige Tiere ungestört zurückziehen können. Das gilt aber für alle, denn jeder muss sich ausruhen und Kraft tanken können.

Auch gilt zu berücksichtigen, dass Pferde für eine Dauerbewegung gemacht sind. Da sie in der freien Wildbahn permanent auf Futter- oder Wassersuche sowie jederzeit fluchtbereit sind, wäre es sehr förderlich, wenn das Pferd die Gelegenheit hat, sich zu bewegen, so viel es will, sofern dies möglich ist.

All diese Aspekte zu berücksichtigen, ist sehr wichtig, allerdings oft auch nicht ganz einfach, vor allem, da es viele verschiedene Haltungsformen gibt. Auch ist nicht in jedem Ort oder in jeder Umgebung alles möglich und es kommt noch erschwerend hinzu, dass nicht jede Haltungsform zu jedem Pferd passt, denn jedes Pferd ist individuell, hat andere Bedürfnisse und verträgt unterschiedliche Dinge unterschiedlich gut, weswegen es auch vorkommt, dass es einige Stallwechsel gibt, bis man einen passenden Stall gefunden hat, an dem sich sowohl Pferd als auch Mensch wohlfühlen.

WELCHE FORMEN DER PFERDEHALTUNG GIBT ES?

Die Grundhaltung ist zunächst in Einzel- und Gruppenhaltung eingeteilt, das hat allerdings noch nicht besonders viel zu sagen. Wie der Name bereits sagt, steht das Pferd in der Einzelhaltung hauptsächlich allein in Boxen, die natürlich unterschiedlich aufgebaut sein können.

Bei der Gruppenhaltung stehen mehrere Pferde zusammen, haben also keine eigene Box. Auch hier gibt es viele unterschiedliche Konzepte, die unterschiedlich gut passen können.

Beide Haltungsweisen haben selbstverständlich auch Vor- und Nachteile, es gibt beide großen Obergruppen nicht grundlos. Dabei kommt es bei den Vor- und Nachteilen natürlich auch auf das persönliche Empfinden und die individuellen Bedürfnisse an, sodass nicht alles über einen Kamm geschert oder über andere Haltungsformen geurteilt werden kann.

In den folgenden Kapiteln erfahren Sie mehr über die zwei Haltungsformen, aber auch über die unterschiedlichen Varianten, um sich im Anschluss selbst ein Bild darüber machen zu können.

DIE EINZELHALTUNG

Wie bereits erwähnt, stehen die Pferde in der Einzelhaltung allein, oft in einer Box. Diese Box kann jedoch viele unterschiedliche Formen annehmen, vom Aufbau bis hin zum Aussehen ist alles möglich.

Zum einen gibt es die klassischen Boxen, hier stehen die Pferde allein, in mit Gitterstäben oder Wänden getrennten Boxen, ungefähr 11 Quadratmeter groß. Schon hier beginnen die Unterschiede: Die Boxen können zur Stallgasse hin offen sein, sodass die Pferde hinausschauen können, oder mit Gitterstäben verschlossen sein, sodass dies nicht möglich ist. Schon hier kann man eine Diskussion über Vor- und Nachteile starten: Sind zwischen den Boxen Wände oder Gitterstäbe? Bei Gitterstäben haben die Pferde zumindest durch die Stäbe Kontakt zueinander und können sich sehen, bei einer Wand haben die Pferde ihre Ruhe, können sich zurückziehen und haben keinen Streit und damit Stress in Bezug auf ihre Boxennachbarn.

Auch haben die geschlossenen Boxen in Richtung der Stallgasse ihre Vor- und Nachteile: Ist die Box komplett abgeschlossen, haben die Pferde, wie bereits erwähnt, im Inneren ihrer Boxen ihre Ruhe. Auch kann die Stallgasse so problemlos von anderen Pferden und Menschen genutzt werden, ohne das andere Pferde ihren Kopf in den Weg halten und in schlechten Fällen auch mal Zubeißen und somit eine Gefahr darstellen. Gleichzeitig haben die Pferde so nur die Gelegenheit, in ihrer Box zu sein, ohne die Gelegenheit, ein bisschen das Geschehen zu beobachten, was auch schnell zu Paniken führen kann, da Pferde bekanntlich Fluchttiere sind und so nur das Geschehen hören und nichts sehen, aber auch nicht flüchten können.

Ein klarer Nachteil dieser Haltung ist, dass die Pferde allein, also nicht in Gesellschaft stehen, und in der Box weder frische Luft noch Abwechslung haben. Frische Luft ist für die Lunge der Pferde sehr wichtig,

da diese sehr empfindlich ist und eine hohe Staubbe-
lastung, die durch Heu und Stroh entsteht, sehr gefährlich sein kann. Dennoch hat es auch den Vorteil, dass
die Pferde einem geringen Verletzungsrisiko ausge-
setzt sind und außerdem einen guten Raum für Pferde
mit Sehnenschäden oder anderen, muskulären Schä-
den oder auch mögliche Knochenschäden, also am Ske-
lett, so gut es geht zu kurieren. Außerdem bietet eine
Box einen sehr guten Rückzugsort, wo die Pferde sich
geschützt zurückziehen können.

Boxenhaltung ist nicht gleich Boxenhaltung, es
gibt viele unterschiedliche Formen. Eine weitere weit-
verbreitete Form der Boxenhaltung ist die sogenannte
Paddockbox. Auch hier steht das Pferd allein und hat
seine eigene Box sowie einen kleinen Auslauf. Hier
können die Boxen genauso aufgebaut sein wie die Boxen in der reinen Boxenhaltung, haben allerdings eine,
meist mit Panelenvorgang, welcher die Box vor Wind
und Wetter schützt und es dem Pferd ermöglicht, raus-
zugehen und einen Auslauf zu nutzen. Dieser kann
verschieden aussehen: von einem kleinen, gepflaster-
ten Auslauf über größere Ausläufe bis hin zu einem
kleinen Trail, auf welchem sich die Pferde bewegen
und ein bisschen klettern können. Egal, wie der Pad-
dock aussieht, er gibt dem Pferd die Möglichkeit, sich

hinauszustellen, frische Luft zu genießen und die Umgebung beobachten zu können.

An vielen Ställen mit Boxenhaltung ist es mittlerweile normal, dass die Pferde den Tag über auf die Koppel oder einen größeren Auslauf gehen, wo sie sich frei bewegen können, in kleinen, festen Gruppen zusammenstehen und sich so regelmäßig, wie sie es gerade wollen und brauchen, bewegen können. Außerdem haben sie so den notwendigen Sozialkontakt in einer bestehenden Herde, haben aber auch gleichzeitig die Möglichkeit, sich nachts in ihrer Box zurückzuziehen. Durch den täglichen Koppelgang haben sie auch viel frische Luft, sodass all ihre Grundbedürfnisse weitgehend erfüllt sind. So kann auch individuell auf jedes Pferd eingegangen werden.

Allgemein ist die Fütterung in dieser Haltungsform sehr gut kontrollierbar und individuell anpassbar. Ist ein Pferd also beispielsweise zu kräftig, was aufgrund der Mangelbewegung sehr gut möglich sein kann, weil die heutigen Hauspferde keinen Grund mehr haben, sich viel zu bewegen, ist viel Bewegung empfehlenswert. Natürlich ist es auch bei zu dünnen Pferden möglich, die Heurationen anzupassen und so dafür zu sorgen, dass jedes Pferd genau das bekommt, was es braucht. Auch die Fütterung von Kraft-

und/oder Zusatzfutter ist hier sehr kontrolliert möglich. Die Fütterung von Kraft- und Zusatzfutter ist sehr wichtig, übernimmt aber keinesfalls die Stelle von Raufutter, also Heu und auch etwas Stroh, da es Energie spendet, dabei aber in zu großen Mengen auch schädlich sein kann.

Kraftfutter gibt es in allen möglichen Formen und unterschiedlichen Zusammenstellungen, die demzufolge auch für unterschiedliche Leistungsansprüche geeignet sind. Hier eignet es sich, eine Futterberatung machen zu lassen. Hierbei analysiert ein Experte, was das Pferd braucht, sodass eine optimale Versorgung gewährleistet sein kann. Zusatzfutter kann alles Mögliche sein, auch Pferde können Mineralstoff- oder Vitaminmangel haben, die über Blutbilder, welche man jährlich zur Kontrolle machen sollte, erkannt und durch Zusatzfutter erfüllt werden können.

Sie sehen also, Boxenhaltung bedeutet nicht automatisch, dass die Pferde den ganzen Tag, abgesehen von Ihrer Zeit mit dem Vierbeiner, in der Box stehen müssen, sondern Auslauf, Sozialkontakt und ausreichend Futter haben können, das dem individuellen Bedürfnis des Pferdes angepasst werden kann und somit die bestmögliche Versorgung des Pferdes ermöglicht.

Mit dem regelmäßigen Auslauf geht auch eine erhöhte Verletzungsgefahr einher, da auf Koppeln und Matsch-Ausläufen durchaus ein Verletzungsrisiko sowie die Gefahr besteht, dass in der Herde Konflikte entstehen, bei denen es auch mal zu Verletzungen kommen kann. Welchen Weg man hier wählen möchte, muss jedoch jeder Pferdehalter selbst wissen.

Dieses Konzept wird nicht an allen Ställen verfolgt, es gibt noch zwei weitere Konzepte der Boxenhaltung. Teilweise gibt es Ställe, in denen die Pferde überhaupt nicht auf die Wiese oder in einen Auslauf mit Artgenossen kommen, sondern den ganzen Tag nur in der Box stehen und nur herauskommen, wenn jemand mit ihnen arbeitet. Auch besteht die Möglichkeit, dass die Pferde allein herauskommen und somit zwar draußen sind und Auslauf, allerdings keinen Kontakt zu anderen Pferden haben.

Die Vor- und Nachteile dieser Haltungsformen sind den vorab genannten wieder sehr ähnlich: Es gibt ein sehr geringes Verletzungsrisiko und die Futterportionen können den individuellen Bedürfnissen angepasst werden. Allerdings können die Pferde sich bei einem Konzept nicht frei bewegen, sind immer darauf angewiesen, dass sich jemand mit ihnen beschäftigt, und haben in beiden Fällen keinen direkten Kontakt zu

Artgenossen, was aufgrund der Tatsache, dass es Herdentiere sind, nicht optimal ist.

Auch gibt es ein Konzept, bei dem die Pferde saisonweise auf der Koppel, in einer Gruppe, allein oder zu zweit stehen, teilweise in einer Herde über den gesamten Sommer auf einer Koppel, teilweise tagsüber draußen und nachts in der Box, während sie über Winter nicht hinauskommen, sondern in der reinen Boxenhaltung stehen. Über Sommer haben sie also viele Sozialkontakte und das Leben eines Pferdes, das tagsüber draußen und nachts in seinem geschützten Raum drinnen steht und somit auch die entsprechenden Vor- und Nachteile, während es im Winter in reiner Boxenhaltung lebt.

Dennoch muss man all diese Fakten berücksichtigen und beachten, um zu entscheiden, welche dieser Haltungen infrage kommt, falls überhaupt eines dieser Konzepte Ihr Interesse geweckt hat und für sie Artgerecht erscheint.

DIE GRUPPENHALTUNG

Bei der Gruppenhaltung stehen, wie der Name schon sagt, mehrere Pferde, eine Gruppe, zusammen und bilden eine Herde. Allerdings gibt es auch hier viele verschiedene Konzepte, die ebenfalls alle ihre Vor- und Nachteile haben.

Ein klarer Vorteil, den diese Haltungsform mit sich bringt, ist der dauerhafte Sozialkontakt. Die Pferde stehen in einer Herde, haben eine klare Rangordnung und haben jederzeit die Möglichkeit, sich frei zu bewegen, wie sie gerade wollen.

Ein Nachteil ist, dass die Futterrationen der Pferde nicht genau überwacht werden können und es vorkommen kann, dass ein Pferd zu viel oder zu wenig Raufutter bekommt, letzterem kann aber mit genügend Futterstellen, an denen auch rangniedrige Pferde ihr Futter bekommen, entgegengewirkt werden. Außerdem besteht hier durch die freie Bewegung und durch mögliche Konflikte kann es innerhalb der Herde zu Verletzungen kommen.

Diese Aspekte sind allgemein, wie es in der Realität aussieht, hängt von den Konzepten und der Umsetzung ebendieser ab.

Die verbreitetste Form der Gruppenhaltung ist die Offenstallhaltung. Hier stehen die Pferde zusammen auf einem oft weitläufigen Gelände, wo sie verschiedene Heustellen haben, damit jeder ungestört fressen kann. Außerdem haben sie in der Regel mindestens eine überdachte und geschützte Liegehalle sowie mehrere Unterstellmöglichkeiten, wo sie sich in Ruhe zurückziehen können, gleichzeitig aber auch in Ausläufen zusammen toben und Sozialkontakte knüpfen können. Oft sind auch die Koppeln, also die Ausläufe mit Wiese, nur im Sommer und teilweise auch nur stundenweise, also beispielsweise immer tagsüber geöffnet, da Pferde zu viel frisches Gras auch nicht immer vertragen und sich auch Krankheiten entwickeln können, wenn man nicht vorsichtig ist oder erste Warnzeichen übersieht. Diese Warnzeichen können ein verändertes Gangbild, also eine Lahmheit sein, aber auch schon ein zu dickes Pferd lässt darauf schließen, dass dieses besser weniger frisches Gras bekommt. Kraft- und Zusatzfutter werden hier bei Bedarf in der Regel vom Besitzer oder Pfleger jedem Pferd einzeln nach der Arbeit zugefüttert, hierbei ist es nämlich wichtig, dass bei jedem Pferd auf den individuellen Bedarf eingegangen wird.

Aktivställe verfolgen ein sehr ähnliches Konzept wie die Offenställe, allerdings werden hier der Heu- und Kraftfutterportionen entsprechend dem Pferd rationiert. Hierfür bekommt jedes Pferd eine Art Halsband mit einem Chip um den Hals, welcher die entsprechenden Futterdaten der Pferde abgespeichert hat und diese dann dementsprechend abgeben kann. Dazu müssen alle Pferde durch eine Art Schleuse zu einem Futterplatz, wo sie ihr Futter erhalten. Dieses birgt die Gefahr, dass die Pferde sich nicht in die engen Gänge trauen oder von ranghöheren Tieren, die von hinten an den Futterplatz drängen, in Panik versetzt werden und dann aufgrund der Schleuse nicht schnell fliehen können. Auch hier gilt eine erhöhte Verletzungsgefahr, sollte das Pferd tatsächlich in Panik geraten, allerdings kann so die Futterration genau an das Pferd angepasst werden. Man muss also ausprobieren, ob das Pferd mit dieser Haltungsform zurechtkommt.

Auch gibt es die Möglichkeit, Pferde in einer kleinen oder großen Herde auf einer Weide zu halten. Hier werden die Pferde mit dem Nötigsten versorgt, können ihr Leben aber allein führen. Dabei brauchen sie Unterstandmöglichkeiten, um sich vor Wetterextremen schützen zu können. Meistens stehen auf solchen Weiden Rentnerpferde, also solche, die ihr Leben lang geritten wurden und nun in Rente dürfen und ihr Leben auf einer schönen Wiese unter Artgenossen verbringen können. Außerdem werden solche Weiden als Aufzuchtweiden für junge Pferde gehalten, also solche, die gerade von ihrer Mutter abgesetzt wurden, aber noch zu jung sind, um geritten oder gearbeitet zu werden, um dort in einer Herde zu leben und, im übertragenden Sinne, ihre Kindheit zu genießen.

Dabei kann es bei allen Herden zu Eingliederungsproblemen kommen. Das bedeutet, dass ein neues Pferd in die bestehende Herde integriert werden soll, es allerdings nicht akzeptiert wird oder zuerst seinen Platz in der Herde finden muss, die Rangordnung muss zuerst wieder neu geklärt werden. Da dies immer mit Stress für alle Beteiligten, aber vor allem für das neue Pferd, sehr stressig sein kann, funktioniert die Eingliederung meistens etappenweise. In den meisten Boxen gibt es sogenannte Eingliederungsboxen, wo die Pferde sich kennenlernen können, das neue Pferd aber immer noch seinen eigenen, geschützten Raum hat, wo es sich zurückziehen kann.

Während das neue Pferd besonders nachts noch in der Eingliederungsbox steht, wird es tagsüber unter Beaufsichtigung, die im Extremfall eingreifen kann, in die Herde integriert und so Stück für Stück zusammengeführt. Dass es hierbei zu Reibereien kommt, ist vollkommen normal, da sich die Rangordnung zunächst klären muss. In den meisten Fällen funktioniert dies, manchmal ist es aber nicht für alle beteiligten Herdenmitglieder möglich, sich zu arrangieren, weswegen es in manchen Herden auch vorkommt, dass es nicht funktioniert und das Pferd ein neues Zuhause braucht.

WORAUF KOMMT ES BEI DER STALLAUSWAHL NUN ALSO AN?

Sie haben nun viele verschiedene Haltungsformen kennengelernt, die in der praktischen Umsetzung natürlich auch anders ausfallen können, die alle ihre klaren Vorteile, aber auch Nachteile mit sich bringen. Welche dieser Haltungsformen letzten Endes die richtige ist, hängt aber auch davon ab, wie sich das Pferd in eine Herde integriert, wie viele Rückzugsmöglichkeiten es braucht und womit es dem Pferd am besten geht.

Bei der Stallauswahl muss jedoch auch immer bedacht werden, dass die Haltungsformen auch unterschiedlich viel Geld kosten, was von der Lage, der Intensität der Pflege und der Anlage, auf der das Pferd steht, anhängt. Es empfiehlt sich, sich vor einer Entscheidung viele Ställe anzuschauen, erfahrene Bekannte oder Freunde mit zu den Besichtigungen zu nehmen und mit Einstellern, die bereits an dem Stall sind, zu reden und diese zu fragen, ob die Versprechungen, die Ihnen gemacht werden, auch tatsächlich wahr sind. Manchmal werden Ihnen nämlich Versprechungen gemacht, die in der Praxis dann doch nicht so umgesetzt werden können.

Auch muss das Preis-Leistungs-Verhältnis stimmen, es gibt sehr billige Ställe, wo man viel selbst machen muss, sogenannte Selbstversorgerställe, wo man sich selbst um das Misten und manchmal auch Füttern kümmern muss, wodurch man länger braucht, aber Geld sparen kann. An anderen Ställen stehen die Pferde in Vollpension, werden gemistet und gefüttert, man hat also einen geringeren Zeitaufwand, muss dafür aber auch dementsprechend mehr Geld bezahlen. Schon allein hierfür zahlt sich ein Stallvergleich aus, um so herauszufinden, was das beste Konzept sein könnte, in der Praxis muss es natürlich erst erprobt werden.

Außerdem muss man sich vorher Gedanken machen, welche Anlage man sich wünscht: Möchte man hauptsächlich als Freizeitreiter im Gelände reiten und es reicht ein dementsprechendes Ausreitgelände? Oder möchte man doch auch eher in der Halle trainieren und vielleicht sogar auf Turnieren starten? Hier wären dann eine Halle sowie ein Platz oder andere Trainingsmöglichkeiten von Vorteil, damit man auch dementsprechende Vorbereitungen in Form von Training treffen kann. Auch hier gilt es wieder, zwischen den Reitweisen und den Ambitionen zu unterscheiden. Möchte man springen, braucht man eine dementsprechende Ausrüstung in Form von Hindernissen und einem Platz oder einer Halle, die groß genug dafür ist, was nicht auf jeder Anlage gegeben ist. Dies ist nur ein Beispiel für einen Aspekt, der beachtet werden muss, für jede Reitweise gibt es andere Voraussetzungen, wobei man auch bereit sein muss, Kompromisse einzugehen.

Man wird wahrscheinlich nichts finden, was zu absolut 100 % passt, aber wenn man es wirklich will, kann man die besten Umstände für sich selbst und sein Pferd finden. Dabei ist es auch immer viel wert, sich auf sein Gefühl und seinen Verstand zu verlassen, aber manchmal spürt man, dass es einem selbst und dem Pferd nicht so gut geht, wie es einem gehen könnte, und muss dann auf sein Gefühl hören und sich nach etwas anderem, etwas besser Passendem umschauen.

WAS KOMMT MIT EINEM PFERD ALLES AUF SIE ZU?

Pferde sind wundervolle Tiere, die das Leben verschönern und sehr treue Freunde sind, allerdings sind sie auch sehr zeit- und kostenintensiv. Je nachdem, inwiefern man das Pferd selbst versorgt, muss man mit täglichem Misten und Füttern rechnen. Außerdem müssen die Pferde täglich bewegt und trainiert werden, was durchaus zeitintensiv ist.

Kostentechnisch kommt viel auf einen Pferdebesitzer zu, die Kosten müssen also vorab abgewägt werden. Zunächst gibt es die Anschaffungskosten: Das Pferd muss gekauft werden, was im Preis, je nachdem, was man möchte, zwischen 500 Euro und vielen Millionen Euro liegen kann. Außerdem müssen Materialien wie ein passender Sattel, eine passende Trense, Putzzubehör, Halfter, Stricke, Longen, verschiedener Beinschutz, Helme für den Menschen, Stiefel und Reitkleidung angeschafft werden, sodass man bei einem guten Sattel und gutem Equipment schnell bei 5.000 bis 10.000 Euro landen kann.

Nach diesen Anschaffungskosten folgen monatliche Fixkosten, auf die man eingestellt sein muss. So fällt eine monatliche Stallmiete an, die auch je nach Umgebung anders ausfällt, dann muss das Pferd in einem Abstand von 4 bis 6 Wochen die Hufe bearbeitet oder beschlagen bekommen, also entweder ausgeschnitten und in Form gehalten oder die Hufeisen erneuert werden. Auch ist mit Tierarztkosten zu rechnen, da jederzeit etwas passieren kann, das Pferd aber auch regelmäßig geimpft und durchgecheckt werden sollte. Auch müssen ungefähr einmal jährlich die Zähne des Pferdes kontrolliert werden, in der Natur würden Pferde Rinden und Äste fressen, wodurch sich scharfe Kanten an den Zähnen abnutzen, das ist heutzutage aber oft nicht nötig und die Pferde tun es nicht, weswegen die Kontrolle sicherstellt, dass die Pferde keine unnötigen Schmerzen leiden müssen.

Weitere Kosten, die regelmäßig anfallen, insofern man sie in Anspruch nimmt, sind Reitstunden. Normalerweise gelangt kaum ein Reiter an den Punkt, an dem er ausgelernt hat. Man lernt nie aus und wie man so schön sagt, stellen sich, sobald man eine Frage geklärt hat, 10 neue. Ob man also Reitstunden nimmt, und wenn ja, wie viele und wie regelmäßig, ist natürlich Ermessensentscheidung und kann von jedem individuell entschieden werden.

Bevor man sich aber ein Pferd kauft, sollte man sich des Kosten- und Zeitfaktors bewusst ein, ein Pferd zu kaufen, sollte keine leichtfertige Entscheidung sein. Bevor man diese trifft, sollte man in Reitschulen Reitstunden nehmen, um praktische Erfahrung zu sammeln und herauszufinden, ob dies wirklich das richtige Hobby ist.

Sollte man weiterhin dranbleiben wollen, ist sich allerdings nicht sicher, ob man nur regelmäßige Reitstunden auf Schulpferden möchte oder den täglichen Umgang mit Pferden sucht, kann man sich eine Reit- oder Pflegebeteiligung suchen. Hier handelt es sich um einen privaten Pferdebesitzer, der jedoch nicht jeden Tag Zeit für sein Pferd hat oder einfach gern Unterstützung möchte. Man geht in der Regel zwischen ein- und dreimal die Woche zu dem Pferd und versorgt es selbstständig, auch wenn es mal krank ist, und kann so herausfinden, ob man wirklich in den Reitsport möchte.

Der Unterschied zwischen einer Reit- und einer Pflegebeteiligung lässt sich bereits am Namen erahnen: Eine Reitbeteiligung reitet das Pferd mit, übernimmt aber auch hin und wieder die Bodenarbeit, während eine Pflegebeteiligung sich vom Boden aus mit dem Pferd beschäftigt und nicht reiten geht. Dies ist oft der Fall bei älteren oder kranken Pferden, teilweise aber auch bei sehr jungen Pferden, bei denen die Pflegebeteiligung zu einem späteren Zeitpunkt, wen das Pferd weiter ausgebildet ist, zu einer Reitbeteiligung werden kann.

Alles in allem lässt sich abschließend sagen, dass Pferde ein sehr schönes, erfüllendes Hobby sind, das jedoch sehr zeit- und kostenintensiv ist. Hier ist auch immer zu bedenken, dass es sich um ein Lebewesen handelt und keine Maschine, die man einfach in der Ecke abstellen kann. Deswegen will es gut überlegt sein, ob man sich ein eigenes Pferd anschafft, vor allem, da es auch mit sehr viel Arbeit zu tun hat und man selten sagen kann „heute mal nicht". Dennoch lohnt es sich, sich mit den Tieren auseinanderzusetzen und sich mit ihnen gemeinsam auf ein großartiges Abenteuer einzulassen, welches Sie sowohl körperlich als auch mental fit hält, denn Sie lernen, Ihre Gefühle zu kontrollieren, sich Ihren Ängsten zu stellen und bekommen ein ganz anderes Körpergefühl.

Herstellung und Verlag:
BoD – Books on Demand, Norderstedt
ISBN: 9783756256518

1. Auflage
Kontakt: Psiana eCom UG/ Berumer Str. 44/ 26844 Jemgum
Covergestaltung: Fenna Larsson
Coverfoto: depositphotos.com